DEUX SCULPTEURS PARISIENS

LES GOIS

1731-1836

PAR

H. HERLUISON ET P. LEROY

CORRESPONDANTS DU COMITÉ DES SOCIÉTÉS DES BEAUX-ARTS
DES DÉPARTEMENTS

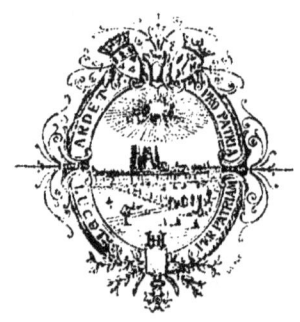

ORLÉANS
LIBRAIRIE H. HERLUISON
M. MARRON, SUCCESSEUR
17, RUE JEANNE-D'ARC
—
1904

DEUX SCULPTEURS PARISIENS

Ce mémoire a été lu à la réunion des Sociétés des Beaux-Arts des départements, tenue dans l'hémicycle de l'École des Beaux-Arts, à Paris, le 5 avril 1904.

DEUX SCULPTEURS PARISIENS

LES GOIS

1731-1836

PAR

H. HERLUISON ET P. LEROY

CORRESPONDANTS DU COMITÉ DES SOCIÉTÉS DES BEAUX-ARTS
DES DÉPARTEMENTS

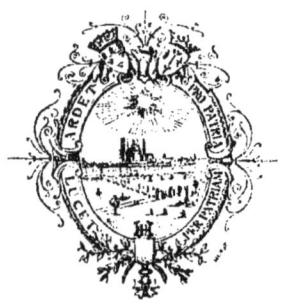

ORLÉANS
LIBRAIRIE H. HERLUISON
M. MARRON, SUCCESSEUR
17, RUE JEANNE-D'ARC

1904

LES GOIS

SCULPTEURS

I

GOIS PÈRE

Au dix-huitième siècle, le talent foisonne. S'il est vrai cependant, comme l'a écrit M. Gonse, que rien n'est à négliger dans cette époque féconde, comment se fait-il que l'historien de la sculpture française, qui n'a oublié ni les Boizot, ni les Roland, n'ait prononcé qu'une seule fois et incidemment le nom de Gois[1]?

[1] Quoique nous n'ayons aucune preuve, ni même aucun indice de lien de parenté pouvant rattacher entre eux cet artiste et ceux qui avaient, avec des variantes fréquentes dans l'ancienne orthographe, porté le même nom au dix-huitième siècle, nous ne croyons pas devoir omettre que, dans les comptes des bâtiments du roi, Claude Goy, peintre et doreur, fut souvent employé, à cette époque, dans la décoration des bâtiments royaux : Palais-Royal, Versailles, Saint-Germain, Trianon ; peintre ordinaire du roi, demeurant aux galeries du Louvre, Claude Goy fut l'ami personnel d'Errard avant d'en devenir le beau-père. Il eut de Marguerite Caillou, sa femme, trois enfants : Charlotte-Suzanne, Jean-Baptiste et Marie-Marguerite-Catherine. Le convoi de Charlotte-Suzanne eut lieu à Saint-Germain-l'Auxerrois, le 24 décembre 1668 (v. HERLUISON, *Actes d'état civil d'Artistes français*). Jean-Baptiste fut sculpteur jusqu'à l'âge de vingt-six ans ; plusieurs pièces de sa façon décorèrent Versailles, Meudon et Marly ; la *Gazette des beaux-arts* a relaté des copies d'antiques de Rome auxquelles il coopéra, et un original, *le Bacchus*, de sa composition. Quant à Marie-Marguerite-Catherine, elle fut mariée en mai 1675, à l'âge de dix-huit ans, à Charles Errard, alors directeur de l'Académie de France à Rome et venu en France pour convoler en secondes noces. M. Alphonse Bertrand, parlant de cette singulière union, affirme qu'à cette date Errard était plus que sexagénaire (*Revue des Deux Mondes*, n° du 15 janvier 1904, « L'art français à Rome »). Chose à peine croyable, l'affirmation de M. Bertrand couvre elle-même un euphémisme. La vérité est que le directeur en congé avait soixante-neuf ans révolus en 1675, quand Mlle Goy consentit à lui donner sa main. Son âge avancé ne l'empêcha pas non plus de reprendre le chemin de la ville éternelle où, conduite par son père, sa jeune femme vint le rejoindre (v. ANATOLE DE MONTAIGLON, *Correspondance des directeurs de l'Académie de France*; Dictionnaire de Jal et *l'Académie de France à Rome*, par A. CASTAN, Réunion des Sociétés des beaux-arts, 1889). — Voir planche ci-après.

Sans exagérer la place que ce sculpteur doit occuper, il ne faut pas lui refuser celle qui lui appartient dans les talents de second rang.

Edme-Pierre-Adrien Gois naquit à Paris le 1er ou, selon un seul document, le 31 janvier 1731. Il eut pour père un commis au greffe de la grande Chambre du Parlement; sa mère s'appelait Marguerite Chauvot. Après avoir terminé ses humanités, il entra dans l'étude d'un procureur. Sans en avoir un écho direct, nous pouvons présumer que sa famille rêvait pour lui quelque charge, comportant une union lucrative et la succession du beau-père, qui eût élevé le fils du commis dans la hiérarchie judiciaire. Mais l'aridité de la chicane ne devait pas plus le retenir qu'elle ne put de nos jours captiver le peintre Fromentin. Délaissant donc les dossiers volumineux, leur affreux grimoire et le style pédantesquement barbare de la Bazoche, il se livra exclusivement à son penchant irrésistible; au lieu de la plume fastidieuse, il saisit l'ébauchoir.

D'abord élève de Jeaurat, il passa dans l'atelier de Michel-Ange Slodtz. En 1757, à l'âge de vingt-six ans, il entra, par le concours, dans l'école du Louvre dirigée par Vanloo. Logé dès lors et nourri aux frais de l'État, il mena une vie active et heureuse dans ce séminaire des arts où il se fit remarquer par ses progrès rapides; au bout de deux ans, il remportait le premier grand-prix de sculpture sur un bas-relief ayant pour sujet : *Tullie faisant enlever les morts*.

Le travail professionnel cependant n'absorbait pas à lui seul ses pensées. Il était depuis longtemps en relations d'amitié avec la famille Perrichon. Mme Perrichon, veuve du graveur de ce nom, avait un fils orfèvre et trois filles. L'une d'elles, Geneviève-Marguerite, avait à peu près le même âge qu'Edme-Adrien Gois, étant née le 10 décembre 1731. Elle plut au jeune artiste qui apprécia, en elle, plus encore que les grâces de la personne, les qualités d'humeur. Une inclination réciproque ne tarda pas à naître entre lui et Mlle Perrichon et tous deux se promirent un attachement indissoluble. Ce n'était certes pas la fortune qu'Edme-Pierre-Adrien pouvait espérer en obtenant la main de Geneviève-Marguerite. Le contrat de mariage ne reconnaissait à la future qu'une dot de 5,000 livres et tous ses effets; l'avoir était assez médiocre,

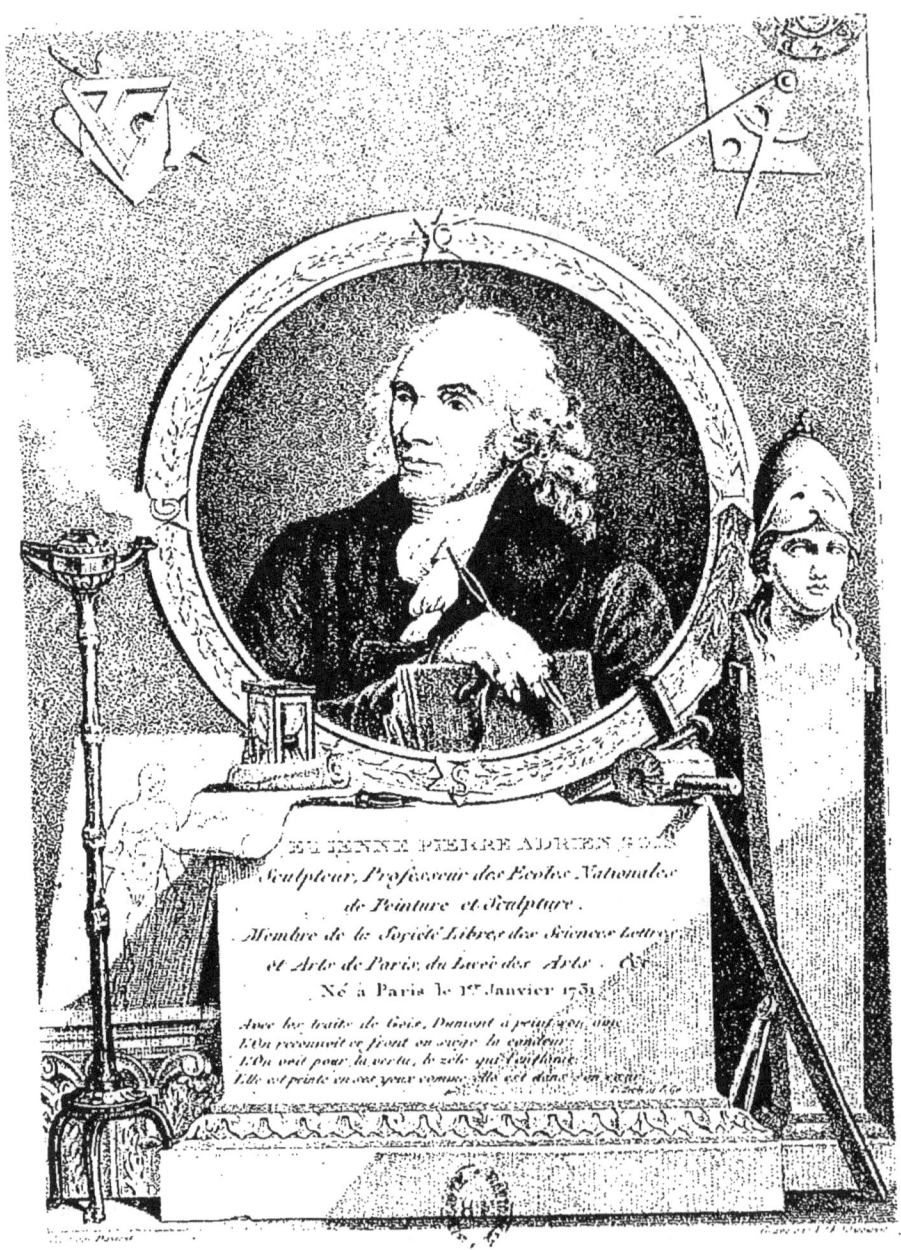

E.-P.-A. GOIS

SCULPTEUR

même pour l'époque, surtout quand on songe que la dot se composait de toute la part dans l'héritage paternel. Le futur lui-même ne possédait qu'un mobilier insignifiant, celui qui, généralement et en tout temps, doit suffire aux débutants ; quant à sa fortune, même après la mort de son père, elle n'excédait pas de beaucoup celle de la future. Le mariage fut célébré en la paroisse de Saint-Germain-le-Vieil, le 24 septembre 1759, après les publications d'usage. Gois avait alors vingt-huit ans et neuf mois. Avant de contracter ce mariage tant désiré, il avait pressenti ses parents. Mais, prévoyant que la médiocrité de la fortune mettrait obstacle à son union, il avait résolu de passer outre, sans s'astreindre à des sommations préalables qui lui répugnaient et sans s'effrayer du pouvoir qu'en pareil cas les parents avaient d'exhéréder leur enfant. Devant la révolte ou, pour mieux dire, devant l'insubordination d'un fils qui avait aussi rapidement passé aux actes, Mme Gois mère, devenue veuve, se sentait partagée entre deux sentiments bien opposés : d'un côté, sa profonde affection et son admiration pour ce fils dont le talent précoce annonçait la renommée prochaine ; d'un autre côté, son orgueil maternel déçu et ses espérances de fortunée alliance ruinées. La ferme volonté de faire sentir le poids de son autorité et de la venger l'emporta sur la tendresse et sur l'acceptation du fait accompli : la mère déjouée ne craignit pas de se faire recevoir appelante comme d'abus du mariage par arrêt du 7 janvier 1761[1]. Elle persista même dans cet appel dirigé manifestement surtout contre sa belle-fille et contre la famille Perrichon, puisqu'elle s'intéressait, en même temps, au voyage de son fils parti pour l'Académie de France à Rome et elle lui donnait elle-même les soins d'une mère à la veille de ce voyage.

On n'attend pas de nous que nous reproduisions ici les moyens juridiques invoqués de part et d'autre pour ou contre la validité du mariage, dans un procès où la tendresse maternelle était dominée par des raisons d'intérêt, d'animosité et surtout de trop haute

---

[1] Mémoire pour le sieur Gois, élève pensionnaire du roi à l'Académie de sculpture et peinture établie à Rome pour le service de Sa Majesté, et demoiselle G.-M. Périchon, son épouse, défendeurs, contre dame Marguerite Chauvot, veuve du sieur Gois, leur mère et belle-mère, demanderesse. Paris, Imp. Cellot, 1761, in-4°, 16 pages.

ambition familiale. Les distinctions établies par les édits et par la jurisprudence d'alors entre les fils mineurs de vingt-cinq ans, les fils mineurs de trente ans et ceux d'un âge supérieur ne peuvent non plus trouver place dans une étude de biographie artistique. Qu'il nous suffise de dire que les jeunes époux Gois se défendirent très dignement contre une mère déjà à moitié désarmée, mais qui n'osait se l'avouer à elle-même; ils s'abritèrent derrière de nombreux arrêts, en se flattant de présenter, dans le sanctuaire de la justice, « un exemple de bonheur simple, ignoré, paisible » qui ne devait rien « ni à la corruption des mœurs, ni à l'éclat des richesses ». Réponse respectueuse d'un artiste modeste, au cœur excellent et droit, qui savait concilier les devoirs envers ses parents avec l'indépendance de son cœur. Par arrêt du lundi 6 septembre 1762, le mariage fut déclaré valable.

De retour à Paris après de sérieuses études en Italie, Gois fut agrégé, le 26 octobre 1765, à l'Académie royale de peinture et, le 23 février 1770, reçu académicien sur la présentation d'une terre cuite : *Aristée pleurant la perte de ses abeilles* et d'un buste en marbre de Louis XV destiné à la salle des séances de l'Académie. Professeur adjoint le 27 juillet 1776, il était professeur en titre le 7 juillet 1781 et, la même année, l'Académie des sciences, belles-lettres et arts de Rome l'avait admis dans son sein. Successivement sculpteur du Roi, recteur émérite de l'Académie royale de peinture et de sculpture, membre de la Société républicaine des arts, membre honoraire de l'Institut, après une longue carrière qu'il avait parcourue sans trouble au milieu des événements les plus divers, il finit paisiblement ses jours dans son logement, le 3 février 1823.

Son œuvre est assez considérable; elle comprend une série importante de statues, bas-reliefs, bustes, médaillons et dessins. Ce qui frappe tout d'abord, quand on l'examine, c'est la diversité d'un talent qui peut répondre aux commandes les plus variées; c'est aussi, comme chez beaucoup de ses contemporains, sans doute encore le goût de la noblesse dans le sujet et dans la composition, mais en même temps une certaine prédilection pour le genre et l'anecdote, la marque d'un retour à l'antiquité et à la manière antique, nous entendons à la bonne, c'est-à-dire à l'imitation fidèle de la nature que l'on dut beaucoup à l'heureuse influence de

Pigalle et qui s'imposait d'ailleurs dans l'art du portrait où la nature sait reprendre ses droits d'une manière éclatante.

Jetons d'abord un coup d'œil sur l'œuvre sculpturale de Gois. Il nous apparaît, pour la première fois, en 1767 sur le livret des anciennes expositions. Les productions qu'il soumit cette année au jugement du public furent le modèle en plâtre d'*Aristhe*, un buste en marbre, *la Douleur*, et un portrait en terre cuite. En 1770, il a déjà les faveurs des grands. Il montre *la Prudence* et *la Justice*, modèles en plâtre exécutés en pierre, de neuf pieds de proportion, au couronnement de la porte de l'hôtel de M. le comte de Saint-Florentin. Il y joint les bas-reliefs des *Quatre-Saisons*, sujet à la mode au dix-huitième siècle et qui fut immortalisé par Lancret. Il fait preuve de ses connaissances en architecture par la création d'un projet pour une chapelle au fond du chœur de la chartreuse de Gaillon.

La série des sculptures qu'il exposa après sa réception à l'Académie s'ouvre, en 1771, par *la Fidélité* et *l'Abondance des Richesses* servant de support aux armes du roi, modèle auquel il joignit deux portraits en marbre et le buste du docteur Bellot, et qui fut exécuté en grand, en pierre de Conflans, au couronnement du nouvel Hôtel des Monnaies.

En 1773, il fit paraître *l'Amour et la Vertu* sous la figure d'un jeune homme distribuant des couronnes et destiné à l'hôtel de la Vrillière, et le bas-relief : *Saint Jacques et saint Philippe prêchant et faisant des miracles*. On voyait aussi de lui le *Saint Bruno* en prière, modèle de six pieds de proportion qui devait être exécuté pour la chartreuse de Gaillon. On sait que son maître Slodtz est l'auteur du *Saint Bruno* à Saint-Pierre de Rome et que, dans la même ville, à Sainte-Marie-aux-Anges, on admire la sévère et belle statue de saint Bruno, par Houdon, le plus glorieux des élèves de Slodtz.

En 1775, Louis XV ayant établi un fonds réservé aux travaux de peinture et de sculpture dont les sujets devaient être puisés dans l'histoire de France, M. d'Angiviller commanda pour le roi un lot de statues aux principaux artistes : Descartes à Pajou, Fénelon à Lecomte, Sully à Mouchy, Montesquieu à Clodion, le Chancelier de l'Hôpital à Gois. Suivant l'exemple de Pigalle et d'Allegrain, Gois, comme ses confrères, rechercha l'imitation fidèle d'un modèle vivant heureusement choisi. Un critique qui fait toujours autorité, M. Émeric David, a loué dans ces statues le naturel de la pose, la simplicité des draperies, la vérité dans les têtes et dans les mains. Ce qui dut les encourager dans cette recherche sérieuse, c'était le prix de la commande. Pour chaque statue il était fixé à dix mille livres, le double de la dot que Gois avait reçue de sa femme et pour lui, par conséquent, un assez joli denier. *Le Chancelier de l'Hôpital* figura à l'Exposition de 1777. La statue était en marbre et haute de six pieds. L'artiste avait représenté l'ancien ministre au moment où, exilé dans son château et apprenant que ses ennemis venaient l'assassiner, il avait prescrit à ses domestiques d'ouvrir les portes.

Le nom de Gois est encore inscrit sur le livret de 1779 avec un modèle en marbre et bronze : *la Charité;* un bas-relief en terre cuite : *Télémaque racontant ses aventures à Calypso,* et le portrait du comte d'Artois, modèle en terre cuite qui devait être reproduit en marbre pour la ville de Bordeaux, enfin plusieurs portraits.

Quelques années avant l'éclosion de la Révolution, le peuple n'avait pas encore été désaffectionné de la monarchie et aimait à retrouver dans Louis XVI les vertus de son aïeul Henri IV. Gois avait le goût et, on pourrait presque dire, la manie des monuments. Esprit mobile, subissant facilement les impressions ambiantes, aux aguets de l'opinion, cherchant à en tirer profit, il conçut et exposa, en 1783, le projet d'un piédestal à la gloire de Henri IV et de Louis XVI. La description que nous en lisons dans la collection des anciens livrets nous fournit des détails piquants qui pourraient former un véritable répertoire des emblèmes décoratifs au déclin de l'ancienne monarchie. On y rencontre la France qui pose le médaillon de Louis XVI sur l'autel consacré par l'amour du peuple, le médaillon de Sully groupé avec les attributs de la fidélité, Hercule vainqueur de l'hydre, la faux brisée du Temps, le buste de Titus, Minerve déesse de la Sagesse et de la Paix, accompagnée de tous les symboles caractéristiques des vertus de Henri IV : la corne d'abondance, l'épée, la balance, le lion, le miroir, le serpent, les palmes, le laurier... : l'arsenal est complet.

On n'y regardait pas de trop près quand il s'agissait du Béarnais et la légende, s'asseyant au foyer populaire, ne craignait pas de parer une histoire qui pouvait bien se passer de ces embellissements. En offrant au public de 1783, sous le n° 226, son second sujet, petit modèle en cire, Gois croyait sans doute reproduire un trait particulier de la vie de Henri IV. Le livret décrit ainsi le sujet traité :

« Ce prince, chassant dans le Vendômois et se trouvant seul et éloigné de son monde, rencontre un paysan assis tranquillement sur le bord d'un chemin. « Que fais-tu là ? dit Henri IV. — J'at-
« tends pour voir passer le Roi ! — Puisque tu ne le connais pas,
« monte en croupe derrière mon cheval et je te conduirai au ren-
« dez-vous. » Le paysan monte et chemin faisant il demande à Henri IV, qu'il tenait à bras-le-corps : « A quoi il reconnaîtrait le
« Roi. — Le Roi sera celui qui aura seul le chapeau sur la tête. » Arrivés tous deux au rendez-vous, le prince se retourne et dit à son compagnon de voyage : « Eh bien ! vois-tu à présent qui est
« le Roi ? — Pardieu, répond notre homme, il faut que ce soit
« vous ou moi, car il n'y a que nous ici qui soyons couverts. » Nous nous souvenons d'avoir vu le même sujet exprimé en gravure chez une personne du Vendômois. Notre hôte était heureux et fier de nous faire voir son estampe. Il eut, quand nous fîmes ressortir l'invraisemblance de l'histoire et que nous rendîmes à la légende le trait de Henri IV attribué précédemment à Jacques V, roi d'Écosse, une déception. Jacques V, qui épousa Marie de Guise et qui fut le père de Marie Stuart, était un excellent roi. Il aimait à se promener incognito. Ayant été attaqué près du pont de Cramond, il fut tiré de ce mauvais pas par John Howison, serf de la ferme de Brachead. Jacques V dissimula sa propre identité à son sauveur, en se faisant passer pour le goodmann de Ballengieh, employé dans le palais du roi. Il invita Howison à venir le voir au palais et là se passa une scène de reconnaissance identique à celle que le livret de 1771, d'après Gois, prête au roi Vert-Galant. Telle est du moins l'anecdote que décrit Walter-Scott dans les *Contes d'un grand-père*. Nous n'osons nous porter garants de l'authenticité de l'histoire écossaise : « On ne prête, dit-on, qu'aux riches », et la légende, bonne fée, est trop souvent prodigue pour les bons princes. Cela montre que les artistes doivent exercer une sévère critique avant de traiter un sujet d'histoire. Pareille aventure à celle de Gois arriva plus tard à Delaroche avec l'éducation de Charles VIII.

Au même Salon se trouvaient plusieurs portraits par Gois dont un en marbre, une esquisse de Saint-Vincent dont le modèle avait été placé dans l'église de Saint-Germain-l'Auxerrois, quelques modèles en cire et des portraits en porcelaine de Molé et Michel de l'Hospital, pour la manufacture de Sèvres.

A 1785 appartiennent le portrait de Calonne, le modèle en plâtre de Mathieu Molé qui devait être exécuté en marbre pour le roi, et un autre modèle en plâtre, *la Puissance royale tenant le livre des lois,* figure de six pieds et demi, qui fut placée dans l'escalier de la cour des Aides à Paris.

La statue de Mathieu Molé reparut ébauchée au Salon de 1789. Elle était accompagnée du buste (en plâtre) de M. Rey, maître de musique de la chambre du roi, et d'un modèle en cire : *le Cheval écorché,* exécuté, d'après nature, à l'École vétérinaire sur les principes et sous la direction du professeur Vincent.

Au Salon de 1793, Gois ne songeait plus aux gloires monarchiques. Il présenta, dans la section de sculpture, le modèle d'un monument à la mémoire de *Voltaire protégeant l'innocence et terrassant le fanatisme;* un bas-relief en terre, *l'Hiver,* pouvait contenter les âmes sensibles aux doctrines de Rousseau; *la Translation du corps de Brutus,* petit bas-relief en forme de camée, était le tribut payé au goût des vertus antiques et devait, vraisemblablement, bientôt parer la breloque des Montagnards.

A ces œuvres, que nous venons de passer en revue, il faut ajouter d'autres sculptures de Gois qui existent encore dans les églises de Paris : 1° le monument de Secousse, curé de Saint-Eustache mort en 1771, bas-relief placé dans la nef droite de la porte principale de cette église; 2° le monument funéraire de M. Vassal, secrétaire du roi Louis XIV (deux anges au pied d'une pyramide et surmontant un médaillon), dans la chapelle Saint-Joseph de Notre-Dame-des-Victoires; 3° *La Religion,* statue en plâtre, dans le rétable du transept droit de l'église Saint-Gervais.

Un mot, en terminant, sur ses gravures et dessins. M. Robert Dumesnil décrit seize sujets gravés par Gois père. Les dessins et gravures, postérieurs aux débuts de la Révolution, méritent une mention particulière comme étant intéressants, surtout quand ils portent la marque du temps. L'auteur de *l'Histoire de l'art sous la Révolution* ne les a pas négligés. Il a analysé spécialement, après le monument de Louis XVI, restaurateur de la liberté, le projet de monument à la Loi, la *Translation du corps de Brutus*, le dessin du monument élevé à Rome à la gloire de Drouais par ses camarades et le modèle d'un monument à Voltaire. Tout en reprochant à Gois la mollesse dans ses figures, M. Renouvier est surpris de la subtilité de la pointe fine, serrée, mêlée de frotis, qui accuse bien les plans et les éclaire convenablement. Il eût été moins étonné s'il eût connu les relations que Gois, dans sa jeunesse, avait eues avec la famille Perrichon; car, nous devons le croire, c'est dans ce milieu artistique de graveurs et d'orfèvres et, peut-être même, dans les conseils de sa femme, qu'il puisa les qualités auxquelles M. Renouvier rend hommage.

Nous joignons, aux dessins signalés par l'éminent critique, un dessin de la prise de la Bastille dû à Edme-Pierre-Adrien Gois[1]. Ce dessin de la prise de la Bastille, récemment offert au musée d'Orléans par M. Paul Fourché (de Bordeaux), est sans doute intéressant en tant que dessin et comme témoignage contemporain. Nous devons cependant faire à son sujet de graves reproches à l'artiste. Nul tableau, nulle gravure ne nous rendra jamais de la prise de la Bastille une impression aussi vivante, aussi proche, aussi saisissante que celle que nous inspire un récit basé sur d'indiscutables documents. Huit ou neuf cents hommes seulement attaquèrent la forteresse; la plupart ouvriers ou boutiquiers, tailleurs, charrons, merciers, marchands de vin mêlés à des gardes françaises. La place de la Bastille était, il est vrai, pleine de curieux, ainsi que les rues environnantes et parmi ces curieux qui venaient voir un spectacle étaient même des élégantes; telle la Contat. Du haut des remparts, a écrit Taine, il semblait aux cent vingt hommes de la garnison que Paris tout entier débordait devant eux. Nous ne remarquons rien de pareil dans le dessin de Gois. On dirait des troupes obéissant à la voix de leurs chefs, des escadrons les uns sabrant, les autres en réserve, des troupes s'avançant au pas de charge et taillant en pièces les ennemis. Dans un coin est un soldat qui transperce un adversaire à terre; dans le fond on entrevoit la forteresse, ou, pour être plus exact, une forteresse. Bref, beaucoup de vie, beaucoup de mouvement, mais rien qui soit conforme à la réalité de l'histoire. Chez Prieur,

---

[1] Voir planche ci-après.

quelle différence! Là aussi il y a bien de la convention et de l'exagération, mais du moins la Bastille est là, dans sa masse imposante; cette foule, composée de toute sorte de gens, qui se précipite par les portes, c'est bien la foule, c'est bien une insurrection populaire, enivrée par une facile victoire et capable de se livrer aux excès de sa passion dans le triomphe d'une liberté orageuse.

Ce qui, beaucoup plus que le dessin de la prise de la Bastille, a la saveur du temps, c'est le projet de monument et fête patriotique que Gois adressa à Nosseigneurs les représentants de la Nation. L'auteur se proposait d'élever, dans un jour de fête civique, un monument ou du moins le simulacre d'un monument à la gloire du roi et de la nation. La description du monument projeté est, avec les variantes nécessaires, la réédition de la profusion d'emblèmes déjà constatée dans le piédestal à la gloire d'Henri IV. On y remarque aussi l'intention répétée de se conformer à la décoration antique; la liberté, par exemple, doit être « telle qu'elle est représentée dans les médailles d'Antonin Héliogabale ». L'amour de la patrie apparaîtra « sous la forme d'un jeune guerrier marchant sur le fer et le feu, tel que les Grecs l'ont représenté ». Le projet de monument est suivi de la description de la fête triomphale dans laquelle on sent l'avant-goût des fêtes organisées par David. On verra, du reste, aux Annexes le texte de ce curieux document.

Parmi les dessins de Gois qui ont passé sous nos yeux, celui que nous préférons est le portrait de l'astronome Edme-Sébastien Jeaurat, gravé par Louise-Françoise Jacquinot. Cette œuvre charmante est dans le goût de Cochin qui se répandait un peu partout et que nous avons déjà retrouvé dans un portrait du poète Desmahis. Cette simple physionomie, délicatement rendue, nous semble, à elle seule, valoir mieux que tous les Cambyse et mieux même que la prise de la Bastille qui pourrait aussi bien s'intituler : prise d'une forteresse hollandaise.

Nous croyons aussi procurer à nos lecteurs un plaisir et la satisfaction de leur curiosité en leur montrant le joli portrait de Gois lui-même, également gravé par Louise Jacquinot d'après Dumont. Tout y respire la vie et le mouvement. L'œil à la prunelle éclatante, le front élevé, le nez épais, la bouche aux fortes lèvres, et largement fendue, le menton volontaire, la longue chevelure donnent à la physionomie un aspect qui ne s'oublie pas. On y voit ce que fut le sculpteur et de cette sensation on conserve une

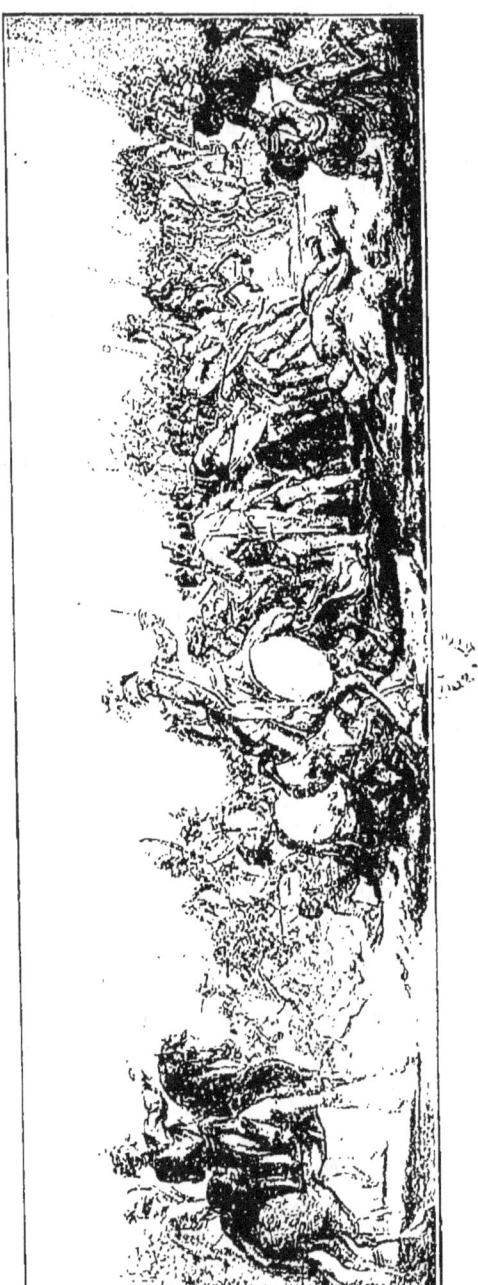

LA PRISE DE LA BASTILLE

Dessin au lavis, par Gois père.

Musée historique d'Orléans.

impression heureuse. Le médaillon est entouré de nombreux attributs : chapiteau, buste de Minerve, dessin académique, compas, règle, ciseau, maillet, etc. Au bas, sur un socle figuré, on lit :

EDME PIERRE ADRIEN GOIS
SCULPTEUR PROFESSEUR DES ÉCOLES NATIONALES
DE PEINTURE ET SCULPTURE
MEMBRE DE LA SOCIÉTÉ LIBRES *(sic)* DES SCIENCES LETTRES
ET ARTS DE PARIS DU LICÉE DES ARTS,
NÉ A PARIS LE 1ᵉʳ JANVIER 1731

AVEC LES TRAITS DE GOIS, DUMONT A PEINT SON AME.
L'ON RECONNAIT LE FRONT OU SIÈGE LA CANDEUR.
L'ON VOIT POUR LA VERTU LE ZÈLE QUI L'ENFLAMME.
ELLE EST PEINTE EN SES YEUX, COMME ELLE EST DANS SON AME.

Ces vers sont signés : PELLETIER DE RILLY.

II

Gois fils *et la statue de Jeanne d'Arc.*

Ce n'est pas la première fois que nous nous occupons de cet artiste. Déjà, dans les *Notes pour servir à l'histoire de l'art dans l'Orléanais*[1], nous lui avons ici même consacré quelques lignes et nous avons publié de lui plusieurs lettres se rapportant au monument de Jeanne d'Arc. Nous croyons opportun de revenir aujourd'hui sur ce même sujet, avec d'amples développements, à l'occasion du centenaire de l'érection de cette statue et du rétablissement des fêtes religieuses et patriotiques du 8 mai[2]. Les nouveaux détails que nous apportons ne paraîtront pas, nous l'espérons, dénués d'intérêt aux membres du Comité.

Mais, avant de parler de Gois fils, de son œuvre en général et de sa statue de Jeanne d'Arc en particulier, il est utile de rappeler en peu de mots les souvenirs par lesquels précédemment Orléans avait voulu perpétuer les exploits accomplis par Jeanne d'Arc. Ce travail préliminaire, fait sans aucune prétention, réunira, dans

[1] Réunion des Sociétés des Beaux-Arts, session de 1899.
[2] Voir planche ci-après.

une brève compilation, les matériaux épars dans des brochures assez rares.

Le monument primordial n'eut rien de véritablement artistique; une croix expiatoire fut plantée lors de la procession générale ordonnée par les deux délégués du procès de revision, Richard, évêque de Coutances, et Jehan Bréhal, inquisiteur de la foi; procession qui, le 21 juillet 1456, alla de la cathédrale Sainte-Croix à Saint-Samson. Nous avons vainement cherché ce qu'était devenue cette croix vénérable, antique témoignage de la reconnaissance de nos pères envers leur chère Pucelle.

Dès cette époque, on aperçoit la trace d'un projet de monument plus considérable qui fut réalisé environ l'an 1458. Les frais, fort élevés, furent couverts par les souscriptions des Orléanais. Il aurait été, sinon le premier, au moins l'un des premiers monuments en bronze fondus en France. On l'attribua, sans preuves, à un saintier nommé Duisy. On le plaça sur le pont. Un ancien tableau, appartenant à la ville d'Orléans et certainement antérieur à 1562, représente la vue d'Orléans prise sur la rive gauche de la Loire; à l'est des Tourelles, on y distingue le monument de la Pucelle tel qu'il existait primitivement; c'est d'ailleurs la seule figuration qui en existe. On y voyait le Christ en croix, avec la Sainte Vierge debout auprès de la croix, d'un côté Jeanne d'Arc à genoux avec son étendard; de l'autre un personnage aussi à genoux, qui, selon les uns, aurait été Charles VII et, plus vraisemblable selon les autres, le duc d'Orléans.

Notre savant et regretté compatriote M. Jarry a découvert, dans les minutes d'un compte de forteresse, la trace d'un autre monument de la Pucelle qui était sur un pilier devant l'hôtel-de-ville, rue Sainte-Catherine. Il remonterait à la fin du quinzième siècle et, dans tous les cas, serait sensiblement antérieur à l'année 1542, date de sa restauration. La découverte de M. Jarry est doublement précieuse, et parce qu'elle révèle la mention ignorée d'une statue de Jeanne d'Arc dans sa bonne ville d'Orléans, et par l'addition qu'elle apporte à la biographie de François Marchant l'illustre imagier orléanais, qui fut payé par le receveur Guilloreau pour avoir « mastiqué le visage de la Pucelle ». On doit sans doute attribuer aux guerres religieuses la disparition de la statue restaurée par Marchant.

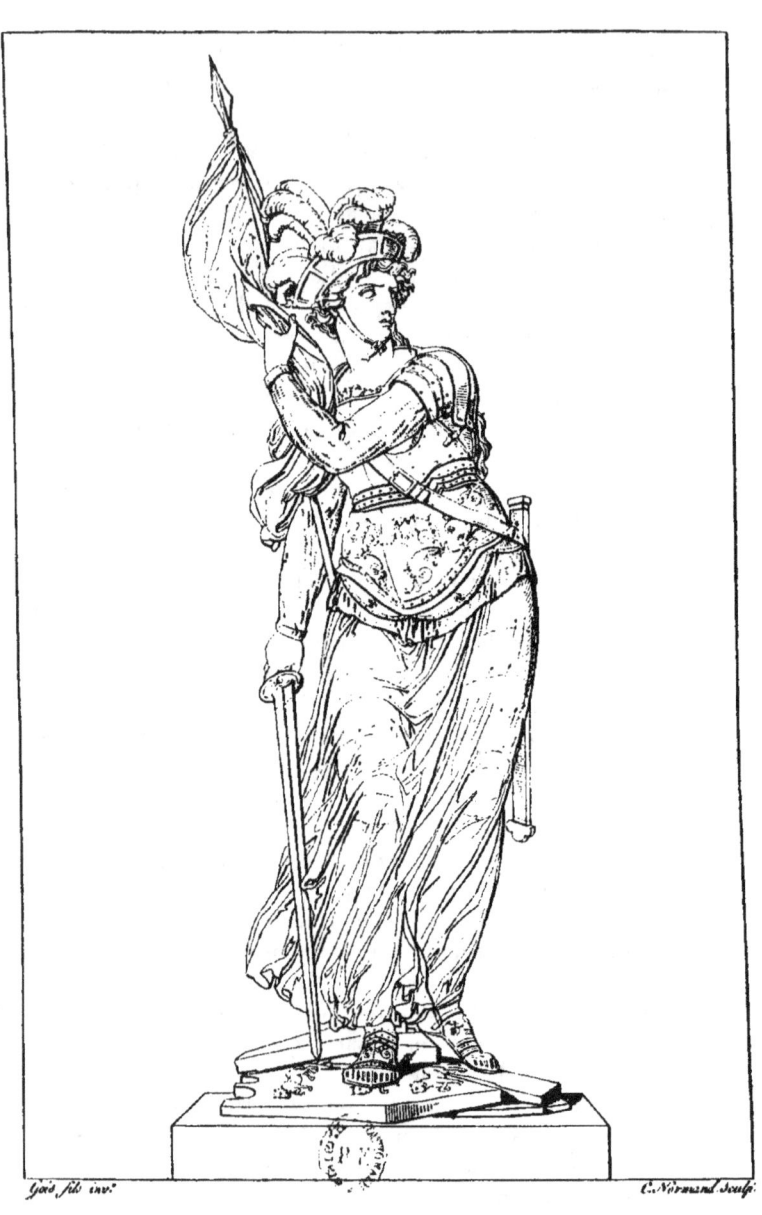

Jeanne d'Arc,
Pucelle d'Orléans.

Quant au monument élevé sur le pont, son histoire est presque aussi lamentable. En 1562, quelques soldats huguenots, dans un aveugle fanatisme, l'abattirent et le brisèrent. Le 9 octobre 1570, la ville d'Orléans fit marché avec Jean-Hector Lescot, dit Jacquinot, pour faire toutes les réparations nécessaires. On lit dans ce marché qu'il y aura lieu de « réparer plusieurs coups de harquebuze au corps et à la tête du roi et lui refaire une couronne qui se mist sur ses armoyries ». Notez qu'avant de passer ce marché, les échevins avaient dû avoir sous les yeux les débris du personnage. Cette objection n'arrête pas cependant M. Vergnaud-Romagnési, et il n'hésite pas à affirmer que, dans le premier monument était « le duc d'Orléans, une couronne ducale à ses pieds. La raison qu'il en donne est que dans le monument restauré, tel que le reproduit l'édition in-folio de l'histoire de France de Jean de Serres, existe, aux pieds des guerriers, un heaume de duc caractérisé, comme dans la bannière ancienne de la ville, par des feuilles d'ache ou de persil mêlées aux fleurs de lis ». Il invoque encore, à l'appui de son opinion, un renseignement fourni par l'ouvrier qui démonta, en 1792, le monument restauré et d'après lequel, dans quelques parties, on remarquait un L et dans d'autres un D en vieilles lettres gothiques. Ce qui est bien certain, c'est que le roi et non le duc devait figurer, sous les traits primitifs, dans le deuxième monument, puisque telle était l'intention des échevins qui en avaient prescrit la restauration. Si tant est qu'il y ait eu substitution de personnages, elle ne fut pas la seule modification apportée, d'après l'indication que fournit une gravure de Léonard Gaultier. Le Christ n'était plus en croix; mais la Vierge, vêtue d'une longue tunique, était assise aux pieds de la croix et tenait sur ses genoux le Christ nu, avec un linge autour de la ceinture; la couronne d'épines était à ses pieds. — Indiquons en passant que l'art orléanais funéraire du quinzième siècle affectionna les *Pietà;* citons, à titre d'exemple, le très curieux bas-relief tumulaire découvert près de Jargeau dernièrement, qui a été reconstitué par M. Lambert à Jargeau, et dont M. Dumuys a fait une savante analyse dans le bulletin de la Société archéologique. — Charles VII, à droite, avait à ses pieds un casque et à sa gauche était une lance. A gauche du roi était Jeanne d'Arc aussi à genoux, regardant le roi et, suivant la tradition, lui dévoilant le secret de la prière de Chinon. Elle portait de longs cheveux; sa lance, surmontée d'un petit étendard aux armes d'Orléans, était à sa gauche. Tous deux, revêtus d'une armure complète, avaient les mains jointes. Par un anachronisme qui n'est pas le seul de ce genre dans l'histoire de l'art, le restaurateur avait entouré l'écu de France du collier de l'ordre de Saint-Michel, qu'avait institué Louis XI. Le piédestal se composait de trois compartiments carrés, sans inscription. En 1731, l'orage abattit la croix de bronze qui fut remplacée par une croix de bois.

En 1745, le pont menaçant ruine, le monument fut enlevé et déposé dans un magasin souterrain de l'hôtel de ville. Il fut rétabli en 1771, dans l'angle formé par les rues Royale et de la Vieille-Poterie. On lui fit subir alors quelques changements dans le but de l'embellir et on l'orna d'inscriptions commémoratives. Le 23 août 1792, les membres de la section Saint-Victor demandèrent sa démolition. Tout en protestant contre les motifs allégués par les pétitionnaires, les administrateurs du Loiret consentirent à ce qu'il fût démoli, à la condition que les débris en seraient employés à la fabrication de canons et qu'un de ces canons s'appellerait Jeanne d'Arc. M. Dufresné, maître serrurier, fut chargé de démonter le monument. Dufresné était un homme trop intelligent et trop ami des arts pour accomplir sans répugnance une pareille besogne. M. Vergnaud-Romagnesi, qui le connut personnellement, raconte que, pendant que cet ouvrier y travaillait, une bande de forcenés se rua sur ces respectables statues et en brisa brutalement plusieurs parties avec des haches et des marteaux. « M. Dufresné avait tout d'abord obtenu de conserver le buste de Jeanne d'Arc; on lui ordonna ensuite de tout briser; enfin il tenta de sauver la tête, mais, ayant été dénoncé par un ouvrier, elle fut anéantie comme le reste. » On ne saurait trop déplorer la disparition de cette image. Quoique Lafontaine, qui la vit en 1662, ne lui eût pas trouvé l'air d'une amazone, nous y aurions peut-être découvert d'autres qualités plus précieuses et plus vraies que celles qui pouvaient plaire à Chapelain.

Sachons du moins gré à Dufresné de sa tentative; elle montre que ce serrurier avait le culte de l'art et des nobles souvenirs. Cela ne nous surprend pas d'ailleurs. Nous avons connu son fils, homme de goût, mort architecte à Blois. L'abbé Pataud indique aussi M. Dufresné jeune comme étant devenu possesseur du livre d'heures de Catherine de Médicis. Ces indications suffisent à attester, en dehors du fait rappelé par Vergnaud-Romagnesi, que la famille Dufresné avait un goût prononcé pour les choses d'art.

Les guerres épiques de la Révolution et les sanglants événements qui bouleversaient le pays détournèrent pendant plusieurs années les esprits du souvenir de la Pucelle. Mais l'éclipse ne fut que passagère et, aussitôt que le ciel s'éclaircit, l'étoile de l'héroïne y brilla de nouveau dans toute sa pureté. Dès l'an XI, le Conseil général de la commune d'Orléans, par une même délibération, demanda le rétablissement de la fête de Jeanne d'Arc et exprima le vœu qu'un monument nouveau en son honneur remplaçât l'ancien monument entièrement détruit. Cette délibération ayant été soumise au Premier Consul, il l'apostilla de sa main en ces termes empreints d'une haute éloquence : « La délibération du conseil municipal m'est très agréable; l'illustre Jeanne d'Arc a prouvé qu'il n'est point de miracle que le génie français ne puisse opérer lorsque l'indépendance nationale est menacée. La nation française n'a jamais été vaincue; mais nos voisins, abusant de la franchise et de la loyauté de notre caractère, semèrent constamment parmi nous ces dissensions d'où naquirent les calamités de l'époque où vécut l'héroïne française et tous les désastres que rappelle notre histoire. »

De son côté, Mgr Bernier, évêque d'Orléans, s'était adressé au chef de l'État et avait reçu la lettre suivante : « Paris, le 6 ventôse an onze de la République, le conseiller d'État chargé de toutes les affaires concernant les cultes, Monsieur l'évêque d'Orléans, j'ai présenté au Premier Consul, Monsieur l'évêque, votre projet de rétablir les cérémonies religieuses qui avaient autrefois lieu en mémoire de la délivrance d'Orléans par la Pucelle. Il approuve entièrement votre projet, et il a trouvé dans votre proposition un nouveau témoignage de votre empressement à faire concourir la religion à ce qui peut être honorable pour la Nation française. J'ai l'honneur de vous saluer. PORTALIS. » L'évêque se mit aussitôt à l'œuvre. Par un mandement du 28 avril 1803 (8 floréal an XI), il ordonnait que la fête de Jeanne d'Arc continuerait à être célébrée le 8 mai de chaque année, selon le rite et les cérémonies d'usage et que la procession se rendrait de la cathédrale de Sainte-Croix à Saint-Marceau, selon l'ordre et la marche qui seraient indiqués par le programme de la fête, arrêté par le citoyen Préfet de concert avec lui, évêque, et approuvé par le gouvernement.

Comme on l'a vu par la délibération du conseil municipal, le rétablissement de la fête de la Pucelle ne suffisait pas à contenter le cœur des Orléanais; ils tenaient à consacrer à leur libératrice un nouveau monument digne d'elle. Ce fut à ce moment qu'intervint Gois fils et qu'il présenta au conseil municipal le dessin d'une statue de Jeanne d'Arc d'après une terre cuite qu'il avait modelée, sur la demande de M. Lenoir, pour le musée des monuments français. Qu'était cet artiste? Qu'était ce projet de statue? Double question à laquelle nous devons répondre.

Gois (Edme-Étienne-François), fils et élève d'Étienne-Pierre-Adrien, était né à Paris en 1765. Après avoir étudié la sculpture dans l'atelier paternel, il avait suivi les cours de l'École des Beaux-Arts où il avait obtenu le second grand prix en 1788 et un premier en 1791, celui-ci sur le sujet d'Abimelech rendant Sarah à Abraham. Le premier grand prix avait été accordé à Bridan, mais sur les instances des camarades de Gois, admirateurs de son talent, Louis XVI avait écrit à l'Académie pour qu'un autre premier grand prix réservé lui fût décerné, et l'Académie avait acquiescé au désir du monarque. Gois avait eu pour condisciples à Rome les sculpteurs Bridan et Lemot, les architectes Delagardette et Normand, les peintres Laffite et Landon. Il avait signé avec eux la pétition du 5 nivôse an XI qui réclamait un costume distinct pour les pensionnaires de l'Académie de France. Comme son père, Gois avait été membre de la Société républicaine des Beaux-Arts. Il s'y était signalé par l'ardeur de ses sentiments républicains. Nous en avons la preuve dans le rapport de Wicar présenté à cette Société au nom des citoyens Laffite, Meynier, Gois fils, Michalon, Dandrillon, Moinet, Varon, Debure, Gérard et Bridan fils, la plupart pensionnaires de la République et que vient de publier M. Henri Lapauze (*Revue des Deux Mondes*, 15 décembre 1903). Ce rapport demandait tout simplement la destruction d'ouvrages du peintre Xavier Fabre, du sculpteur Cornil, des peintres Gauffier, Desmarais et Tierce qui avaient émigré ou entretenu des relations avec les ennemis de la France et, tout au moins, manifesté à l'étranger, par leurs relations, la haine de la Révolution. D'une manière générale, le rapport concluait à ce que « ceux des artistes qui auront été liés avec les aristocrates contre-révolutionnaires dénommés soient déclarés incapables de remplir aucun emploi dans la République ». Mais Gois lui-même, comme son père, avait sans doute bientôt changé le cours de ses idées; car, après le bas-relief du fleuve Lorédan, et Adonis et Vénus, morceaux académiques exposés aux salons de 1798 et 1799, on avait vu de lui, au Salon de 1800, à côté des Trois Horaces, la grande figure de la Victoire et le buste de Gustave-Adolphe, roi de Suède, pour la galerie des Consuls. Les Horaces commencèrent sa réputation et lui valurent un prix d'encouragement décerné par le jury. Landon constate que « le public a vu avec intérêt cette première production d'un jeune statuaire et y a remarqué du mouvement, de l'expression, un bon choix de forme, de l'étude, de la variété dans le caractère et dans les détails, une exécution soignée ».

Lorsqu'en 1800, Gois avait exposé au Louvre son premier modèle de Jeanne d'Arc, il avait excité un enthousiasme universel. Le Premier Consul ne lui avait pas marchandé ses éloges. Le jugement de Bonaparte était conforme à l'opinion des contemporains. Landon crut nécessaire d'écrire à ce propos un abrégé de la vie de Jeanne d'Arc, et parlant du modèle en plâtre exposé au Salon de 1802, il écrivait : « La figure a plus six pieds de proportion; elle a cette attitude animée qui doit caractériser l'héroïne française. L'artiste a parfaitement surmonté les difficultés que présentait le costume et s'est cependant attaché à la rendre avec la plus exacte vérité ». Aujourd'hui, cette prétention nous fait sourire et nous savons que ce costume n'a rien de conforme à l'histoire et à la réalité. Mais alors on se représentait Jeanne d'Arc d'après certaines gravures fantaisistes, déjà anciennes, et parmi lesquelles il faut noter l'estampe portant pour inscription : « Jeanne d'Arc, surnommée la Pucelle d'Orléans, tirée de la galerie cardinale. » Les hommes de cette génération d'ailleurs ignoraient les documents, publiés plus tard par les Quicherat, les Siméon Luce et tant d'autres chercheurs et qui devaient faire sortir de la poussière des archives les douces et humbles vertus en même temps que la grande pitié de la bergère de Domrémy. Jeanne d'Arc leur apparaissait uniquement comme une amazone, une Judith, une guerrière intrépide perçant les ennemis de son épée victorieuse. C'est pénétré de ces sentiments et inspiré de ces fausses traditions artistiques que Gois avait fait le modèle d'après lequel fut fondue la statue et sur le compte duquel nous nous sommes déjà suffisamment expliqués en 1899. Si l'on en croit une anecdote recueillie dans les Mémoires de l'Académie de Valenciennes, l'ajustement de la draperie lui avait causé beaucoup de soucis. Au moment où, fatigué de rechercher, il sortait pour prendre l'air au jardin des Tuileries, une dame avait passé devant lui sur le Pont-Royal et disputait au vent la longue robe qui la couvrait. Ce mouvement l'avait frappé; il avait étudié le pli et s'en serait inspiré, à son retour dans l'atelier. Quoi qu'il en soit de cette anecdote, à cause de l'état de l'opinion et aussi grâce à l'appui du chef de l'État, nous n'en sommes pas surpris, le conseil municipal d'Orléans accepta à l'unanimité le dessin que Gois était venu lui soumettre d'après le modèle primitif exposé au Musée des arts[1]. Nous ne reviendrons ici ni sur le prospectus municipal de la souscription, ni sur la médaille commémorative au sujet desquels nous nous sommes expliqué en 1899. Lors du rétablissement de la fête en 1803, on érigea, le 7 mai 1804 sur la place du Martroi, provisoirement, le modèle en plâtre. La statue de bronze vint peu après le remplacer. Fait digne de remarque : pour la fonte de cette statue, on avait employé le procédé des fondeurs en sable, réservé jusqu'alors aux figures de faible dimension. L'emploi avait réussi et l'entreprise avait paru assez audacieuse pour que l'Athénée des Arts, après avoir entendu le rapport de ses commissaires, accordât une médaille au fondeur Jacques-Charles Rousseau et une autre médaille à Honoré Gonon qui avait été chargé de ce travail par le fondeur. La statue, avec la grille, coûta 50,000 francs; le prix en était payable en quatre années sur le produit des souscriptions et, en cas d'insuffisance, sur les fonds municipaux. Les souscriptions ne dépassèrent guère le quart du prix stipulé. Nous sommes en pos-

---

[1] Le modèle lui-même fut acheté à l'artiste, au Salon, par M. Fontenel, antiquaire de Montpellier, au prix de 800 francs. Il est actuellement au musée de cette ville. Le modèle qui fut placé à Orléans, le 7 mai 1804, est actuellement au musée de Jeanne d'Arc de cette ville.

session d'un petit registre manuscrit intitulé : Recette des souscriptions pour le monument de la Pucelle. Le montant des recettes qui y sont consignées s'élève au total de 15,509 fr. 35. Parmi les principaux souscripteurs, on remarque M. Garran-Coulon, membre de l'Institut; le citoyen Alexandre Berthier, ministre de la guerre; les citoyens Delahaye, Guérin et Appert, membres du Corps législatif; le conseil d'administration du 8ᵉ dragons en station à Orléans; Mgr Bernier, évêque d'Orléans.

Une lettre de Gois nous apprend que la Société des sciences, lettres et arts de Paris, dont il était membre, avait adressé au ministre de l'Intérieur un rapport sur l'œuvre qu'il s'agissait de couler en bronze; l'artiste l'envoyait à Orléans et conseillait de le faire imprimer pour être joint au prospectus, afin d'exciter les habitants à souscrire. La lettre de Gois est confirmée par les *Annales du Musée* de Landon (année 1802). Lors de l'inauguration du modèle en plâtre, en l'an XI, parut une toute petite brochure populaire ayant pour titre : *Histoire de Jeanne d'Arc, Pucelle d'Orléans*. Se trouve à Orléans chez Guyot aîné et Beaufort, imprimeurs, rue des Trois-Maries, n° 19. Elle contenait une chanson nouvelle, sur l'air de Manon Giroux. Un des couplets raconte qu'à Chinon le roi, sur sa bonne mine, l'appela sa cousine et qu'on l'habilla en « amazone, l'épée à la main ». L'allusion à la statue est transparente et le besoin d'en donner la signification est manifeste. C'est encore en amazone que le chansonnier populaire la montre à Reims et termine par un couplet, rendant :

> . . . . . gloire, honneur
> A cette Judith nouvelle,
> Qui, par sa valeur,
> Au consul qui nous gouverne,
> Nous a conservés,
> Et des fureurs d'Holopherne
> Nous a tous sauvés.

La même chanson fut réimprimée l'année suivante « avec la même gravure du monument qui sera érigé le 18 floréal an 12, sur la place publique d'Orléans; suivie de la description du nouveau monument ». Cette description, quoique très brève, est cependant à peu près complète. Nous la reproduisons donc ici. Elle est ainsi conçue :

DESCRIPTION
DU
NOUVEAU MONUMENT

Érigé en l'honneur de Jeanne d'Arc, *Pucelle d'Orléans*, sur la principale place de la ville d'Orléans, le 18 floréal an XII (8 mai 1804).

Dans ce monument, sculpté par le citoyen *Gois* fils, artiste statuaire de Paris, Jeanne d'Arc est représentée tenant un drapeau enlevé à l'ennemi, et foulant aux pieds des léopards.

Cette statue de 8 pieds de hauteur repose sur un marbre blanc veiné, de 9 pieds de haut sur 4 de largeur.

Le socle et les emmarchemens sont aussi en marbre de diverses couleurs.

Quatre bas-reliefs en bronze sont placés entre la corniche et l'astragale.

Le premier, *au couchant*, représente le combat des Tourelles; au bas sont deux palmettes.

Au nord, la Pucelle reçoit l'épée des mains de Charles VII.

Au midi, on voit le sacre du Roi dans l'église de Rheims, la Pucelle y remplissant les fonctions de connétable.

Au levant, est représenté l'évêque de Beauvais lui lisant sa sentence, et l'exécution de cette sentence de mort, dans la ville de Rouen. Au bas sont deux lacrymatoires.

Deux de ces bas-reliefs ont un pied sur deux pieds sept pouces; les deux autres ont un pied sur trois.

La description que nous venons de copier ne diffère pas sensiblement de celle qu'on lit dans un opuscule sorti des presses de Jacob l'aîné, imprimeur de la Préfecture, rue Philosophie, n° 6, an II de la République. Il porte comme titre : *Réédification du monument de Jeanne d'Arc dans la ville d'Orléans,* par le citoyen Gois fils, artiste statuaire, ancien pensionnaire de l'Académie de France à Rome, membre de l'Athénée des Arts et de la Société des sciences, belles-lettres et arts de Paris, sous le consulat de Bonaparte, la préfecture de J.-P. Maret et la mairie de Crignon-Desormeaux. Et comme sous-titre : *Précis historique du siège d'Orléans, de la vie et des exploits de la Pucelle.* A la fin de son opuscule, l'auteur consacre deux pages aux anciens monuments de Jeanne d'Arc et à la statue nouvelle.

Tout en regrettant l'ancien monument qui avait été détruit sous la Révolution, il cherche à se consoler en déclarant que les talents de M. Gois fils, qui ont été jugés « par les personnes les plus distingués et les plus recommandables en ce genre », le dédommagent de cette perte. Il n'hésite pas à proclamer que cet artiste a fait là un chef-d'œuvre et à glorifier à ce point une statue qu'avec plus de justesse M. Émeric David se contentera de classer honorablement. Il écrit que la reconnaissance s'est emparée de ce chef-d'œuvre présenté par Gois fils au Musée des Arts ; il ajoute même que le bronze semble s'être animé sous le ciseau du jeune artiste. Enfin notre auteur enthousiasmé loue la riche exécution des quatre bas-reliefs et le parfait groupement des figures qui y sont disposées [1]. Il nous a paru nécessaire de reproduire ces appréciations et descriptions bien qu'elles soient tirées de brochures populaires, parce qu'elles reflètent bien l'impression du public en l'an XII. Disons, en passant, qu'elles contiennent une légère omission, en n'indiquant pas que le piédestal porte pour toute inscription : « A Jeanne d'Arc ».

En 1855, quand on décida d'ériger sur le Martroi d'Orléans la statue équestre de Jeanne d'Arc par Foyatier, l'ouvrage de Gois dut être transporté ailleurs. Tout d'abord, on pensa à l'offrir soit à Jargeau, soit à Beaugency, soit à Patay. De son côté, la ville de Neufchâteau avait aussi fait la proposition de l'acquérir. Finalement, comme il s'agissait d'un ouvrage exécuté grâce à des fonds et à une souscription orléanais, le Conseil municipal décida de ne pas s'en dessaisir. Dans son rapport à ce Conseil, en date du 7 mars 1855, M. Lacave, maire, écarta la pensée de choisir pour nouvel emplacement la petite place des Tourelles, trop exiguë et où s'élevait une croix érigée en 1816 par une ancienne municipalité. Conformément aux conclusions de son rapport, la statue fut transférée à la place Dauphine, à la porte même du pont, non loin des Tourelles, à l'endroit où elle est encore.

Tel fut le sort réservé à la statue de Jeanne d'Arc par Gois après l'an XII. Ses dimensions trop modestes, son expression exclusive,

---

[1] Il semble, après cela, impossible de soutenir, avec Biémont, que les bas-reliefs ne sont pas dus à Gois. L'auteur de la brochure populaire n'eût pas manqué de le signaler. En outre, les *Annales du Musée* ont publié le dessin de ces bas-reliefs comme étant de Gois fils. Ils s'harmonisent d'ailleurs admirablement avec la statue et cela seul convaincrait qu'ils sont de la même main qui a modelé cette statue elle-même.

la convention dans le costume ne pouvaient plus convenir à un âge aussi soucieux que le nôtre de la vérité historique.

Après avoir exposé jusqu'à la fin l'histoire de la statue, cherchons ce que devint l'artiste. Mais tout d'abord réparons un oubli qui intéresse spécialement l'art dans l'Orléanais. Nous avons dit, dans un de nos précédents mémoires, qu'en l'an IX fut inauguré dans le cimetière Saint-Jean un monument à Delagardette. Rappelons, à ce propos, qu'il existe au Musée historique d'Orléans un petit médaillon en cire, très gracieux, œuvre de Gois, donnant en relief le profil de cet architecte. Ce fut cette cire qui servit pour le médaillon en bronze placé au cimetière Saint-Jean[1].

Nous avons quitté Gois après l'inauguration de sa statue et dans l'éclat de la renommée que lui valaient des œuvres remarquées comme son Desaix et sa Jeanne d'Arc. Parmi les illustrations de son temps, il devait aussi être séduit par celle qui, dans son éclat éblouissant, éclipsait les rivales. Du républicanisme ardent que révèle le rapport Wicar il avait passé à un ardent bonapartisme. L'empereur lui apparaissait comme le « héros qui préside aux destinées de l'Empire ». Reproduire son image, n'était-ce pas compléter l'œuvre de l'histoire qui « consacre la gloire et les hauts faits des grands hommes ayant bien mérité de leur patrie »? La phrase était courante. Déjà avant lui Clodion avait écrit : « Un des plus beaux attributs de l'art si difficile du statuaire est de conserver avec toute la vérité des formes et de rendre presque impérissable l'image des hommes qui ont fait la gloire ou le bonheur de leur patrie. » Il conçut donc la pensée de faire une statue équestre de Napoléon. Mais, selon ses idées et en homme prudent, il proposa, avant de la couler en bronze, une souscription qui lui permit de couvrir ses frais et même d'en tirer avantage. Peut-être espérait-il que le gouvernement compléterait l'insuffisance de la souscription. Il semble que le projet n'aboutit pas; nous ignorons même s'il y eut souscription. Au Salon de 1808 figure bien le *Modèle de la statue équestre de S. M. Napoléon, empereur et roi;* mais c'est tout ce que nous en savons. Nous publions en appendice la copie de la lettre que Gois écrivit à cette occasion au ministre des Finances le 25 nivôse an XIII et qu'il signa comme pensionnaire

---

[1] Voir planche ci-contre.

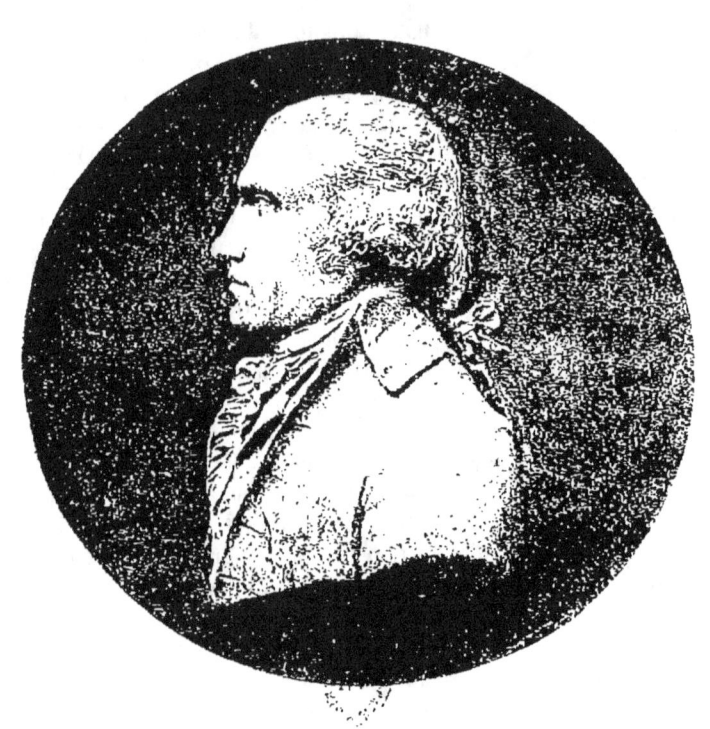

DELAGARDETTE

ARCHITECTE

Cire, par Gois fils

(Musée historique d'Orléans.)

de l'Académie de France et auteur du monument de Jeanne d'Arc. Le poëte Léger lui adressa, à propos de son projet de statue équestre de Napoléon, une épitre flatteuse, d'une facture médiocre, en vers. Elle se terminait par un présage qui, malgré la vulgarité de l'image, n'était pas de nature à déplaire à la vanité de l'artiste...

> Ami, je te donne quartier ;
> Aussi bien je te vois sourire
> Quand je critique ton guerrier.
> Agrandis surtout le coursier ;
> Les connaisseurs, formés en groupe,
> Te diront, avec vérité,
> Qu'un jour nous te verrons en croupe
> Courir à l'immortalité.

Si la statue de Napoléon resta à l'état de projet, Gois n'eut pas à se plaindre du gouvernement impérial. Notamment onze portions de la colonne Vendôme lui furent confiées au prix de 600 francs l'une ; son travail fut l'objet de modifications dans certaines parties ; trois des bas-reliefs furent refaits par Bosio et deux par Taunay. Gois est aussi l'auteur des sculptures de la fontaine du marché Saint-Martin construite en 1806 et qui a été décrite dans l'*Inventaire général des richesses d'art* appartenant à la ville de Paris (Édifices civils, t. 1er, p. 99, Paris, Chaix, 1873). Elle se compose de deux bassins superposés en pierre et d'une vasque en bronze que supporte un groupe formé par des figures aussi en bronze et représentant l'*Abondance*, la *Chasse* et la *Pêche*. L'*Abondance* soutient du bras droit une corne d'abondance et, dans la main gauche, porte un panier rempli de fleurs. La *Chasse*, ayant un chevreuil sur l'épaule droite, tient un cor dont elle joue, et la *Pêche* lance un filet. Pendant un certain temps Gois parut se complaire de nouveau beaucoup dans le domaine de la mythologie et de l'antiquité. Les petits sujets mythologiques étaient recherchés surtout à cause de la facilité de leur placement dans un décor intérieur et bourgeois. Gois exposa, en 1810, un joli groupe de ce genre en marbre : *Léda et ses quatre enfants*. La même année, il avait, au Salon, une statue de *Céphale* sans grand caractère d'originalité. *Philoctète* était aussi un sujet à la mode. Dans cette seconde renaissance factice et froide sortie des cendres d'Herculanum et de Pompéi, les sujets antiques étaient en vogue. On aimait à les placer au fond d'une grotte ou d'une galerie. En 1806, F.-G. Giraud, un réaliste avant l'heure celui-là, avait obtenu le prix de Rome avec un Philoctète dans l'île de Lemnos. Mais s'il est vrai, comme on l'a dit, que le Philoctète de Giraud se réclame beaucoup plus de Puget que de David, il nous semble que le Philoctète de Gois, exposé en 1812, malgré la correction et la puissance du travail, est empreint d'un caractère opposé. Nous en dirons autant de l'agréable statue de Latone que Gois met au Salon de 1814. Nous admettons volontiers avec Landon que l'attitude de cette figure est bien sentie et que le groupe est d'un bon style. Mais on y trouve trop l'influence ultramontaine et le souvenir des poses d'enfants dans les tableaux de la Renaissance italienne. C'est aussi de Gois qu'est la statue de Turenne qui se trouve aujourd'hui dans la cour du palais de Versailles. Outre les statues dont nous avons parlé, Gois fut l'auteur de travaux qui font honneur à la fécondité de son talent. On lui doit beaucoup de bustes. L'un d'eux reproduisit les traits de Benjamin Constant. Il avait eu la faveur de mouler, d'après nature, le visage de l'illustre publiciste. Aussi a-t-il pu se flatter d'avoir obtenu une ressemblance parfaite.

PIÈCES JUSTIFICATIVES

I

ACTE DE DÉCÈS DE GOIS PÈRE

« Cejourd'hui à deux heures et demi du matin est décédé au Palais de l'Institut M. Pierre-Etienne-Adrien Gois, âgé de quatre-vingt-douze ans, sculpteur du roi, recteur émérite de l'académie royale de peinture et sculpture, membre honoraire de l'Institut, veuf de D° Geneviève Périchon. — Constaté par moi, Edme de la Borne, adjoint au Maire du dixième arrondissement de Paris, chevalier de l'ordre royal de la Légion d'honneur, faisant les fonctions d'officier de l'Etat civil, sur la déclaration de MM. Charles Langlois, demeurant rue du Vieux-Colombier n° 15, chevalier du dit ordre, Capitaine ingénieur du corps des Sapeurs pompiers de la ville de Paris, âgé de quarante-sept ans, et de Louis Moinet, demeurant place Dauphine n° 26, propriétaire, âgé de quarante-quatre ans. Lesquels ont signé avec moi, après lecture à eux faite de l'acte, signé : Langlois, Moinet et de la

Borne. — Délivré conforme au registre par nous Maire au dixième arrondissement. Paris, le vingt-neuf Mai, mil huit cent vingt trois.

Signé : Pauquet, Adjoint. »

Ville de Paris. — Préfecture de la Seine. — Deuxième mairie. Reconstitution des actes de l'état civil. — Acte reconstitué. — Extrait délivré à M. Herluison d'Orléans, le 7 janvier 1903.

II

VU
DÉPARTEMENT
DES
BATIMENS DU ROI

quatre cent quatre-vingt-huit l.

5ᵉ L. quatre cent quatre-vingt-onzième Pᶜᵉ
N° 789

M. GOIS PÈRE
sculpteur, né à Paris.
1000 l.
Vu l'ord. 150 1ᵉʳ L.

MAISON DU ROI

Je soussigné, Étienne-Pierre-Adrien Gois, sculpteur du Roi,

Reconnois avoir reçu de M. Marc-Antoine-François-Marie Randon Delatour, l'un des Administrateurs généraux du Trésor Royal, la somme de mille livres, acompte sur la statue du Président Molé, que j'ai faite pour le service du Roi en 1789, dont quitte.

A Paris, le premier février mil sept cent quatre-vingt-dix.

Quittance de mille livres   *Quittance comptable*
                                        GOIS.

III

PROJET D'UN MONUMENT A ÉLEVER AU ROI ET A LA NATION ET D'UNE FÊTE PATRIOTIQUE

A Nosseigneurs les Représentants de la Nation.

Messeigneurs,

Quel tribut d'hommage plus pur et plus digne de mériter votre satisfaction et votre amour, que celui d'exposer sous vos yeux et soumettre à vos lumières l'image d'un Monarque vertueux !

Ce n'est point par des allégories mensongères, et toujours énigmatiques, que je peindrai ses heureuses qualités ; ce n'est pas non plus en enchaînant des Nations ni de vils Esclaves à ses pieds, que j'élèverai son âme : ce seroit manquer mon sujet dans tous ses points. Le Despotisme est anéanti, et la Liberté triomphe ; c'est donc au Héros qui en est le Restaurateur pour lequel je consacre cet édifice.

En effet, Messieurs, quel Roi fut plus digne que Louis XVI de mériter les hommages des François? Empressons-nous donc d'élever à la postérité le monument de ses vertus.

Vous le savez, Messieurs, que n'a-t-il pas tenté pour soulager, ainsi que son auguste épouse, la classe la plus malheureuse de ses Sujets? Les préjugés étoient trop enracinés, les abus avoient des Protecteurs puissans, intéressés à étouffer la vérité au pied du Trône. Il ne falloit pas moins qu'un choc violent pour les en repousser, et faire place à la vertu, qui triomphe enfin aujourd'hui, pour mettre le comble à notre félicité, en fixant l'attention publique sur les Droits de l'Homme et ceux du Citoyen, et faire germer, dans tous les esprits, cette tendance au bien public, ce zèle pour l'humanité et la liberté, qui depuis est devenu général, doit former le caractère des François sous le règne d'un Monarque bienfaisant, le père et l'ami de ses Sujets.

C'est ce même zèle, Messieurs, qui a fait entreprendre à Louis XVI cette Guerre mémorable dont il nous a paru indispensable d'en représenter les heureux effets dans le projet de ce Monument, tel que la liberté du Commerce des Mers, laquelle a procuré à un grand Peuple la liberté dont il étoit digne, délivrer nos Ports d'une servitude avilissante, et replacer la France au rang qu'elle doit occuper parmi les Nations.

Il s'agissoit donc de mettre le comble à tant de mémorables travaux, en détruisant les abus que le Despotisme avoit cimentés. Qui en sentit mieux l'importance que Sa Majesté, en appelant auprès de sa personne les Sages de son Royaume, pour en être les Réformateurs et recréer de nouvelles Loix, qui en affermissant sa Couronne et sa gloire assureront à jamais le bonheur et les intérêts d'un Peuple libre et reconnoissant, qui bénit son nom et chérira son Règne jusque dans les siècles futurs!

N'en doutons point, Messieurs, le Roi, qui s'est dit le premier ami de son Peuple, touche au moment d'obtenir, par votre activité et votre persévérance, le prix le plus doux pour son cœur : c'est le vœu général, uni à celui d'un Citoyen Artiste qui chérit tendrement son Roi, sa Patrie et la Liberté, en faveur desquels il consacre les hommages purs de son travail dans le projet de Monument qu'il a l'honneur de soumettre aux lumières de MM. les Représentants de la Nation, pour lesquels il a celui de leur dévouer les hommages de la plus profonde vénération et respect,

Messeigneurs, votre très humble et très obéissant serviteur,

Gois.

Projet de Monument et Fête patriotique, par GOIS, Sculpteur du Roi, Professeur de son Académie de Peinture et Sculpture, Membre de celle des Sciences, Lettres et Arts de Rouen.

Plusieurs Citoyens Patriotes ont témoigné leurs vœux dans différens

Journaux pour qu'il fût donné, dans Paris, une Fête en l'honneur de la Nation et du Roi, après la clôture des grandes opérations de la Constitution; mais comme ils n'ont donné aucun plan pour la dignité de cette Fête, je hasarde, comme Artiste, publiquement mon avis, et je vais faire en quelque sorte la description de cette Fête, telle que je la conçois.

Je proposerois de fixer l'époque de cette Fête en juillet 1790, temps auquel l'Assemblée Nationale aura sans doute fini le grand œuvre de la Constitution et l'établissement des Lois permanentes dans toutes les parties du Royaume.

L'objet de cette Fête seroit d'élever en un seul jour un Monument, ou du moins le simulacre d'un Monument, à la gloire du Roi et de la Nation. Je commencerai par la description du Monument.

DESCRIPTION

La statue du Roi seroit élevée sur une base quarrée de tous côtés; un cube quarré est l'emblème de la solidité que l'on peut adapter à la stabilité d'un Gouvernement affermi par de sages Lois, et soutenu par les vertus du Souverain. Les Anciens avoient tant de vénération pour cette forme régulière, qu'ils ne la consacroient qu'aux Autels où se faisoient les Sacrifices, et aux piédestaux sur lesquels ils élevoient leurs Divinités. Les Romains conservoient en quelque sorte un culte religieux en faveur des Empereurs pour lesquels ils avoient le plus d'attachement : trois Bas-reliefs subsistent à Rome, représentant les Triomphes de Trajan, Titus et Marc-Aurèle. On les voit assis sur des Piédestaux quarrés, et portés sur les épaules, ce qui prouve évidemment qu'on leur avoit déféré les honneurs du Culte.

C'est donc par cette même raison que nous préférons cette forme régulière, pour y élever le Monarque dans les habits de son Sacre, tenant d'une main la Constitution. L'autre main étendue atteste le serment d'en accepter et maintenir l'exécution. Il auroit près de lui la France triomphante, qui le couronneroit du cercle de l'immortalité, comme Restaurateur de sa liberté. A la droite du Roi seroit une proue de vaisseau, pour indiquer son zèle et sa prévoyance au rétablissement de sa marine. A ses pieds seroit jetée une couronne de laurier enlacée dans une branche d'olivier, emblème relatif à ses heureux exploits.

Le Cube sur lequel le Roi seroit porté seroit orné de Médaillons, Bas-Reliefs, où l'on représenteroit différens sujets relatifs à des époques mémorables de son Règne. L'Autel circulaire sur lequel porteroit le Cube seroit décoré d'un Bas-relief représentant la joie du Peuple par des Danses.

FACE PRINCIPALE

Dans le Médaillon-Bas-relief, le Roi sur son Trône seroit représenté recevant les hommages de son Peuple pour la liberté qui lui est rendue, tandis que Minerve, qui le couvre de son égide, écarte les Vices de son Trône.

Au devant de l'Autel, la Paix, tenant un rameau d'olivier d'une main, de l'autre consumeroit, avec un flambeau, des trophées d'armes ; près de cette Statue seroient les attributs des Arts que la Paix fait fleurir.

INSCRIPTION

Louis XVI, Père des François ; Restaurateur des Loix et de la Liberté.

SECONDE FACE A DROITE

On verroit dans le médaillon la France rendant la liberté au Commerce des Mers ; elle est environnée de différentes Nations qui déposent à ses pieds leurs marchandises. Mercure, qui préside au Commerce, part, à ses ordres, pour l'aller mettre en activité.

La Statue ornant cette face seroit l'Amour de la Patrie armé sous la forme d'un jeune Guerrier marchant sur le fer et le feu, tels que les Grecs l'ont représenté.

INSCRIPTION

Il rendit le Commerce des Mers libre.

TROISIÈME FACE

Le Médaillon représenteroit l'Amérique victorieuse, s'appuyant sur une massue et un joug rompu. La France, après lui avoir brisé ses chaînes, lui remettroit entre les mains le Sceptre de la Liberté.

La Statue décorant cette face seroit la Liberté, telle qu'elle est représentée dans les Médailles d'Antonin Héliogabale, tenant d'une main une massue, et de l'autre un bonnet au haut d'un Sceptre.

INSCRIPTION

Il assura la Liberté dans les Deux Mondes.

QUATRIÈME FACE

Dans le Médaillon est représentée la Paix, qui reçoit la France et l'Angleterre à l'Autel de la Concorde, pour y jurer une foi immuable. La Victoire préside à cet acte religieux, et couronne la valeur des deux Puissances. Les dépouilles des Combattans, de part et d'autre, sont déposées au pied de l'Autel pour y être anéanties.

La Statue, sur ce côté, représenteroit la Loi, ornée d'un Diadème, tenant d'une main un Sceptre comme Reine et Protectrice des Citoyens et de leurs propriétés, montrant au Peuple le Livre des Loix ouvert, sur lequel est cette légende : *Le Salut est dans la Loi.* A ses pieds sont jetés quelques accessoires relatifs à la Justice.

INSCRIPTION

Il mit en paix l'Europe et l'Amérique.

DESCRIPTION DE LA FÊTE TRIOMPHALE

Il s'agiroit, dans cette Fête Nationale, de faire élever tout à coup ce Monument par le Peuple lui-même, et sous ses yeux : tel seroit le but de cette Fête. On choisiroit, par exemple, la Place du Carrousel : le Monument prendroit l'alignement juste de la porte du Château des Tuileries. On prépareroit, quelques jours devant, le piédestal en plâtre à l'abri d'une tente, laquelle tomberoit à l'arrivée des Statues ci-dessus énoncées, lesquelles seroient portées sur les épaules et mises en place au milieu des chants et des sons des instrumens et des acclamations de joie. Il pourroit être fait des paroles et de la musique analogues à la circonstance. Mais ces Statues n'arriveroient à leur destination qu'après une longue marche triomphale. Au centre de cette marche seroit porté, sur les épaules, le groupe du Roi et de la France; ce seroit dans cet endroit que seroit la plus grande quantité des instrumens.

Des quatre Figures de la Loi, du Patriotisme, de la Liberté et de la Paix, deux seroient portées en avant, et deux en arrière. Cette marche seroit formée par toute la Garde Nationale, à pied et à cheval, et sous les armes; et pour rendre cette marche encore plus intéressante, il sembleroit bon d'y joindre quatre grouppes des différens âges de la vie, de l'un et l'autre sexes. L'Enfance entoureroit la Statue de la Paix, toujours accompagnée des Jeux et des Ris. Celle du Patriotisme par la Jeunesse. Celle de la Liberté par l'âge viril. Et la Statue de la Loi par les Représentants de la Nation.

Il sembleroit nécessaire, pour donner plus de dignité à la majesté de la Fête, de faire porter sur les épaules, de distance en distance, des vases richement ornés, et de différentes formes, dans lesquels brûleroient des aromates.

Si l'on vouloit conserver un souvenir plus long, et un simulacre plus durable de ce Monument, l'on pourroit, par suite, aux Figures de carton qui doivent être portées dans cette marche, substituer, pour l'édifice, les mêmes Statues en plâtre, dont on peut assurer la durée pendant plusieurs années, jusqu'à ce que l'on ait déterminé que ce Monument soit plus mémorable en bronze et marbre.

Mais en ne s'occupant à présent que de la Fête, si la Municipalité ne pouvoit point se charger des frais de cette Fête, on pourroit ouvrir une souscription volontaire, dont le dépôt se feroit dans un lieu assuré, qu'il plaira à MM. les Représentants de la Nation de fixer.

Le montant des contributions et des frais de la Fête devra être rendu public, et l'excédent, qui restera en dépôt, pourra être employé à l'exécution de ce Monument plus durable en bronze et marbre.

Si le plan de cette Fête, ainsi que le Monument que j'ai l'honneur de soumettre aux lumières de la Nation peut avoir l'avantage d'obtenir son agrément, j'offre de concourir au nombre des Souscripteurs en donnant gratuitement mon travail pour l'exécution du Monument en plâtre à élever dans la place du Carrouzel, comme étant la plus vaste et au centre de Paris.

Gois.

Paris, ce 7 février 1790.

Le projet de Monument sera exposé dans la salle d'Assemblée et y restera jusqu'à ce que M. le Président, ainsi que le Sénat auguste, permettent à l'Auteur d'en annoncer au Public l'explication, qui y sera présent.

IV

STATUE DE L'EMPEREUR NAPOLÉON

A Son Excellence le Ministre des finances.

Monseigneur,

Si l'histoire consacre la gloire et les hauts faits des grands hommes qui ont bien mérité de leur siècle et de leur Patrie, c'est aux Arts qu'il appartient de reproduire et de multiplier leur image. Rien n'offrait à la sculpture un sujet plus digne de son ciseau que le héros qui préside aux destinées de l'Empire. Plein de cette grande idée, j'ai entrepris et viens de terminer la Statue équestre de Sa Majesté l'Empereur. Pour répondre à l'empressement d'un grand nombre de personnes qui désirent posséder ce monument, j'ai cru devoir le proposer par souscription. Il me serait doux, Monseigneur, de voir en tête des souscripteurs le nom de votre Excellence. Si je suis assez heureux pour obtenir cette faveur, ayez la bonté de me faire transmettre vos ordres et je m'y conformerai.

Je suis avec un profond respect
De votre Excellence
Monseigneur
Le très humble et très obéissant serviteur,

E. Gois,

Ancien pensionnaire de l'Académie [française à Rome], auteur du Monument en bronze et marbre [élevé à Orléans à la] gloire de Jeanne d'Arc. Palais de Paris, le 25 nivôse l'an VIII (15 janvier 1800).

V

GROUPE DES TROIS HORACES

Aux citoyens Membres de la Société de Médecine.

Citoyens,

J'ai l'honneur de vous faire part que depuis deux ans je me suis occupé d'un ouvrage de sculpture représentant *Les trois Horaces partant pour le combat*.

Jaloux de recevoir les avis des artistes, savants et amateurs, je prie la Société d'agréer les billets que je lui fait hommage.

Salut et respect,

E. Gois fils, statuaire.

Ce 2 germinal l'an 8 (23 mars 1800) de la République.

Au haut de la lettre se lit la mention : Répondu le 28 germinal a. 8.

VI

LETTRES DE GOIS RELATIVES AU MONUMENT DE JEANNE D'ARC

Monsieur,

J'ai l'honneur de vous faire passer, d'après le vœu de l'assemblée du Conseil, le prospectus pour le rétablissement de la statue de Jeanne d'Arc. Vous y trouverez le raport que la Société des sciences, lettres et arts de Paris a adressé au Ministre de l'Intérieur.

Si l'on croit que l'impression peut inspirer de la confiance pour l'exécution du monument et engage les habitans à souscrire plus facilement, l'on peut en disposer.

Je vous reytère mes remerciements et vous prie d'agréer mon profond respect,

Gois.

Ce 5 nivôse l'an 11.

A Monsieur Crignon Desormeaux, maire de la ville d'Orléans.

Paris, 30 octobre 1807.

Monsieur le Maire,

Il m'a été retenu par vos ordres, lors du dernier payement que la ville me fit pour le monument de Jeanne d'Arc, une somme de quatre cents livres; par erreur vous avez cru dans le tems que des réparations du piédestal me regardoit. Rien de cela n'est entendu dans le marché passé avec la ville, vue que je ne pouvois point répondre, ni mettre à la brie le monument contre les rigueurs des saisons. Je vous prie donc, Monsieur le Maire de lever cette difficulté et que rien n'empêche à la présentation du billet soussigné par Monsieur Crignon de Bellevue l'on puisse obtenir cette somme.

Votre petit filleule dans son vingt uneimme jour de fièvre putride et maline ressentant, en ce moment, quelque mieux, me charge de se rappeler à votre ressouvenir et vous présente ses homages.

Recevez, je vous prie, de la part de ma famille l'assurance de son profond respect avec le quel j'ai l'honneur d'être votre très humble et très obéissant serviteur,

E. GOIS.

Les quatre lettres qui précèdent font partie des collections du musée historique de l'Orléanais.

Paris, ce 20 novembre 1807.

Monsieur,

J'ai eu l'honneur de vous écrire il y a environ trois semaines, j'ose vous prier de me rendre le service d'aller chez Monsieur Crignon de Bellevue pour y retirer une somme de quatre cents francs qui y étoit restée en dépôt depuis l'instant du dernier payement que la ville d'Orléans me fit. J'ajoutté à ma lettre le billet que j'oublié de revetir de ma signature. Comme de puis ce tems je n'ay pas reçu de vos nouvelles il faut que je me voye forcé de vous importuner une deuxième fois pour savoir si vous avez connoissance de tout ce que j'ai l'honneur de vous informer. A la même époque j'écrivis à Monsieur le Maire pour le prier de vouloir bien lever les difficultés qu'il avoit apportées dans le temps, également de sa part je n'ay pas reçu de nouvelle.

J'attend de votre part encore une marque de complaisance pour m'informer de tout ce qui se passe à ce sujet. Vous obligerez véritablement celui qui avec reconnaissance a l'honneur d'être avec un profond respect votre très humble et très obéissant serviteur,

E. GOIS fils

La suscription porte : *A Monsieur Petit-Semonville, secrétaire de la Mairie, à Orléans.*

Collection de M. Herluison.

A Monsieur le baron Crignon Desormeaux, Maire de la ville d'Orléans.

Monsieur le Maire,

Il est un tems ou toute choses prend sa fin. Et dans ce moment j'entend parler de la petite somme restée entre les mains de Monsieur votre frère et qui m'est du : Si vous avez des observations à me faire sur l'obstacle qui vous a porté a ce qu'el ne me soit pas remise, je vous prierais, Monsieur le Maire, sans différer plus longtemps de me faire connoître vos intentions.

J'ai l'honneur d'être avec le plus profond respect, Monsieur le Maire, votre très humble et très obéissant serviteur,

E. Gois.

Ce 29 avril 1808.

En marge est écrit : « Il faut le payer et en finir. »
Répondu le 8 mai 1808.

Musée historique de l'Orléanais.

VII

ICONOGRAPHIE DU MONUMENT DE JEANNE D'ARC DE GOIS FILS.

Sculpture.

I. Maquette en terre cuite, exécutée par Gois, sur la demande de M. A. Lenoir, pour le musée des Monuments français.

II. Modèle en plâtre de la statue exposée à Paris au Salon de 1802. — Fait partie, aujourd'hui, des collections du musée de Montpellier.

III. Autre modèle plâtre qui servit à l'inauguration du 17 floréal an XI (7 mai 1804) sur la place du Martroi à Orléans, quelque temps avant la pose du bronze. — Ce modèle, après avoir été transporté dans le jardin de la Mairie, a été déposé en 1885 au musée de Jeanne d'Arc.

IV. La statue de bronze avec ses bas-reliefs placés sur un socle de marbre blanc, place du Martroi, en 1804. Ce monument a été transféré en 1855 sur la place Dauphine, au bout du pont d'Orléans. Un piédestal en pierre dure fut substitué à celui de marbre blanc.

V. Reproduction de même grandeur en terre cuite. Dans le jardin de l'hôtel de M. de La Ville-Baugé, rue des Anglaises, n° 3, à Orléans.

VI. Il existe au musée de Jeanne d'Arc plusieurs réductions. Ces figurines sont en terre cuite ou en plâtre, et aussi un bas-relief, œuvre de L. Bérard.

VII. Un moulage des bas-reliefs est conservé au musée de Jeanne d'Arc.

Médailles. Face : Buste du Premier Consul, de profil à droite, tête nue, cheveux courts en uniforme avec baudrier richement brodé. En exergue : NAPOLÉON BONAPARTE PREM^r CONSUL DE LA RÉP. F. Sous le buste : DUPRÉ, au bas une grenade enflammée.

Revers : La statue sur son piédestal. En exergue : A. JEANNE D'ARC MONUMENT RÉTABLI A ORLÉANS L'AN XI DE LA RÉP^{que}. — A droite et à gauche du piédestal : J. M. CHAPTAL, M^{tre} DE L'INT^r, J. P. MARET, PRÉFET, A. E. CRIGNON DESORMEAUX, MAIRE. E. GOIS FILS INV. DUPRÉ SCULPT.

Cette médaille, dont le module est de 54 millimètres de diamètre, a été frappée à l'occasion de l'érection de la statue et offerte aux souscripteurs.

Il en a été frappé des épreuves en or, argent et bronze. Un 2ᵉ état laisse paraître un léger enfoncement dans la frappe. — 3ᵉ état, coin cassé dans le sens de la hauteur. La matrice est conservée au musée de Jeanne d'Arc.

La ville d'Orléans l'a plusieurs fois utilisée à titre de récompense, ou pour reconnaître des services rendus. Nous citerons notamment un exemplaire en argent, rentré il y a quelques années au musée de Jeanne d'Arc, qui porte au revers cette légende gravée en creux :

A ROSINE STOLZ
LA VILLE D'ORLÉANS
RECONNAISSANTE
—
REPRÉSENTATION
DU 4 NOVEMBRE 1846
AU BÉNÉFICE
DES INONDÉS.
—

Le coin de cette médaille fut relevé et utilisé sous la Restauration, en module de 56 millimètres, pour la fête qui eut lieu à Domrémy en 1820, à l'occasion d'un monument élevé à la Pucelle. La face représente le monument et en exergue : MONUMENT RÉTABLI A ORLÉANS LE 8 MAI 1803. — LE 8 MAI 1429 ELLE SAUVA ORLÉANS, LA FRANCE ET SON ROI. E. GOIS FILS INV. — DUPRÉ SCULP.; et au bas du piédestal : De Puymaurin D.

Au revers : HOMMAGE A JEANNE D'ARC. — DÉPUTATION DE LA VILLE D'ORLÉANS A DOM — RÉMY, POUR L'INAUGURATION D'UN MONUMENT ÉLEVÉ A CETTE HÉROÏNE LE 10 SEPTEMBRE 1820.

Jeton. — La statue de Jeanne d'Arc sans le piédestal. En exergue : JEANNE D'ARC, NÉE A DOMRÉMY EN 1412, BRULÉE A ROUEN EN L'ANNÉE 1431. COMPOSÉ ET EXÉCUTÉ PAR EDME Eⁿᵉ Fⁿᶜᵒⁱˢ GOIS.

Revers : MONUMENT DE JEANNE D'ARC, ÉRIGÉ EN BRONZE A ORLÉANS LE 8 MAI 1803.

Ce jeton octogone de 34 millimètres, dont il existe une épreuve en argent au musée de Jeanne d'Arc, est très rare. On ignore à quelle occasion et pour quel usage il a été frappé. Il semble contemporain de la médaille.

Dessins et estampes. — Le monument a été maintes fois reproduit par le dessin, la gravure et la lithographie. Lors de son inauguration parurent des bois populaires et les deux gravures de Charles Normand. Vinrent ensuite Prévost-Hersant, Charles Pensée, Martens, Chapuy, Arnoult et autres artistes du dix-neuvième siècle.

VIII

BUSTE DE BENJAMIN CONSTANT

Paris, le 22 janvier 1831.

*A Monsieur,
Monsieur Odilon Barrot, Préfet de la Seine.*

Monsieur le Préfet,

J'ai eu l'honneur de mouler sur nature les traits de M. Benjamin Constant, et j'ai exécuté son buste à mes risques et périls persuadé que je laissois une œuvre patriotique. Aujourd'hui je désirerois que le portrait de ce grand citoyen reçut une destination digne de son objet et à cet effet, j'ai l'honneur de vous proposer, Monsieur le Préfet, d'en faire l'acquisition pour l'hôtel de ville où j'espère que vous pourrez lui désigner un emplacement convenable.

J'ai eu la satisfaction de voir que toutes les personnes qui m'ont fait l'honneur de venir à mon atelier ont trouvé mon ouvrage ressemblant, et c'est un mérite fort appréciable dans un portrait. Si vous désirez, Monsieur le Préfet, en juger par vous-même avant de faire l'acquisition que je vous propose et dont l'importance n'est au reste que de 100 francs, j'aurai l'honneur de le faire porter à l'Hôtel de ville.

En attendant votre réponse, daignez agréer, je vous prie, Monsieur le Préfet, l'hommage de mon respect.

E. Gois,
Statuaire au Palais de l'Institut, pavillon de l'Ouest.

A Monsieur le Préfet de la Seine.

Collection de M. Herluison.

www.ingramcontent.com/pod-product-compliance
Lightning Source LLC
Chambersburg PA
CBHW030054230526
45471CB00003B/1095